অনুভূতির প্রবাহ

আরতি চৌধুরী

pencil

ISBN 978-93-5458-890-7
© Arati Choudhury 2021
Published in India 2021 by Pencil

A brand of
One Point Six Technologies Pvt. Ltd.
123, Building J2, Shram Seva Premises,
Wadala Truck Terminal, Wadala (E)
Mumbai 400037, Maharashtra, INDIA
E connect@thepencilapp.com
W www.thepencilapp.com

Author biography

আরতি চৌধুরী:- জন্ম ২৫ শে আগষ্ট,১৯৫৮ সাল। পিতা স্বর্গীয় হরিপদ দেবনাথ এবং মাতার নাম স্বর্গীয়া হেমলতা দেবনাথ। আসামের বঙ্গাইগাঁও নামক একটি ছোট মফস্বল শহরে বাস করতাম। ১৯৭৪ সনে বঙ্গাইগাঁও রেলওয়ে হাই স্কুল থেকে মেট্রিক পরীক্ষায় প্রথম বিভাগে উত্তীর্ণ হই। তারপর গৌহাটি ইউনিভার্সিটির অধীনে বঙ্গাইগাঁও কলেজ থেকে১৯৭৬ সনে উচ্চ মাধ্যমিক পরীক্ষায় পাশ করি। ১৯৭৭ সনে কেন্দ্রীয় সরকারের টেলিকম ডিপার্টমেন্টের এ চাকুরী পেয়ে আসামের তেজপুর শহরে আমাকে চলে যেতে হয়েছিলো। ১৯৭৯ সালে তেজপুর কলেজ থেকে অর্থনীতিতে অনার্স নিয়ে স্নাতক ডিগ্রী লাভ করি।পরবর্তী সময়ে ১৯৮৪ সালে -- দি নিউ ইন্ডিয়া অ্যাসুরেঞ্চ কোম্পানীতে নতুন করে চাকুরীতে যোগদান করি। 1986 এ বিয়ে হয়। হাসব্যান্ড এর নাম পরিতোষ চন্দ্র চৌধুরী।উনিও ইন্সুরেন্স কোম্পানীতেই কর্মরত ছিলেন।আমি এক কন্যা ও এক পুত্র সন্তানের জননী।এর পর ২০১২ সালের সেপ্টেম্বরে আসামের গুয়াহাটি হতে ট্রান্সফার নিয়ে দিল্লীতে চলে আসি। বর্তমান বাসস্থান দিল্লী।ছোটবেলা থেকেই লেখার আকর্ষণ ছিল। বিশেষ করে কবিতার প্রতি। মফস্বল শহরের রক্ষণশীল পরিবার থেকে সাহিত্য ভাবনায়

উদ্বুদ্ধ হাওয়া ছিল প্রায় অসম্ভব।আমি যখন নবম শ্রেণীতে পড়ি তখন বাবা আমাদের ছেড়ে পরমধামে চলে যান। তখন আমার মেজদা অভিভাবকের দায়িত্ব নিতে হয়।   কলেজ হায়ার সেকেন্ডারি ক্লাশ এ কথাশিল্পী শরৎ চন্দ্রের উপরে একটা প্রবন্ধ লিখে তৃতীয় পুরস্কার পেয়েছিলাম। তারপর নানা কারণে সাহিত্য জগতের সাথে বিচ্ছিন্ন হয়ে পরি।তারপর গুমরে থাকা ইচ্ছাটা মাঝে মাঝে জেগে উঠতে চাইলেও জাগাতে পারিনি। বর্তমানে আবার লেখার মাধ্যমে সেই ফেলে আসা ইচ্ছাটাকে নিয়ে সকলের শুভেচ্ছার সাথে জীবনের বাকি পথ টুকু চল

CONTENTS

অনুভূতির প্রবাহ

অনুভূতির প্রবাহ

আরতি চৌধুরী

উৎসর্গ:-

আমি আমার " **অনুভূতির প্রবাহ**" কবিতার বইখানি আমার শ্রদ্ধেয় স্বামী **স্বর্গীয় পরিতোষ চন্দ্র চৌধুরী কে** অত্যন্ত আন্তরিকতার সহিত উৎসর্গ করলাম।

উনার একটা কথা আজও খুব স্মরণে আসে। আমি প্রতি বছর ডায়েরী কিনে যখন যা মনে আসে লিখে এদিক ওদিক ফেলে রাখতাম। একদিন উনি বলেছিলেন,"তোমার যখন লেখার অভ্যাস আছে,এভাবে যেখানে সেখানে ফেলে না রেখে একটা বড় নোট বুকে লেখো। তাহলে ঠিক মতো সংরক্ষণ করতে পারবে।" উনি যে অত্যন্ত দামী উপদেশ দিয়েছিলেন, আজ তার মূল্যাঙ্কন অনুধাবন করতে পারছি।

উনি আজ অনন্ত বিশ্বজগতের যেখানেই থাকুন না কেন যেন শান্তিতে থাকেন। সুদূর নীহারিকায় থাকলেও উনার আন্তরিক ভালবাসা ও শুভেচ্ছা কামনা করছি।

নিবেদিকা

আরতি চৌধুরী

কৃতজ্ঞতা স্বীকারোক্তি:-

আমার ' অনুভূতির প্রবাহ ' কবিতার বইখানা প্রকাশ করার জন্য আমি আমার পুত্র আর্কিটেক্ট শ্রীমান পারিজাতের কাছে বিশেষ ভাবে কৃতজ্ঞ। পারিজাত আমাকে অবিরাম উৎসাহিত ও বিভিন্ন ভাবে সাহায্য করে আমার এই বইখানা ছাপানোর স্বপ্ন স্বার্থক করেছে। আমার কন্যা অপরাজিতাও আমাকে সর্বদা উৎসাহিত করে মনের শক্তি জুগিয়েছে।

কৃতজ্ঞতা জানাই এই বইখানার সম্পাদক মহাশয় মাননীয় শ্রী গোপাল পাত্র মহাশয়কে যিনি আমাকে সর্বদা উৎসাহিত করে গেছেন প্রথম হতে শেষ পর্যন্ত।কৃতজ্ঞতা স্বীকার করছি তাদের প্রতিও আমার যে সকল ফেসবুক বন্ধুগণ আমার কবিতাগুলোকে পছন্দ ও মন্তব্য দিয়ে আমাকে উৎসাহিত করেছেন। আশা করছি এমনি করেই ভবিষ্যতেও আমাকে উৎসাহিত করার জন্য সবাইকে পাশে পাবো।
ধন্যবাদ,

আরতি চৌধুরী

মুখবন্ধ:-

আমরা সবাই জানি যে মনের ভাব অন্যকে বলে কিংবা লিখে বুঝানোর ক্ষমতা একমাত্র মানব জাতিরই আছে।যে যেভাবেই হোক প্রতিদিন আমরা তো এই বিশেষ কাজটিই অনবরত করে যাচ্ছি।

আমি যখন চতুর্থ শ্রেণীর ছাত্রী ছিলাম তখন থেকেই কবিতার প্রতি বিশেষ ভাবে আকৃষ্ট হই। নতুন শ্রেণীর বই কেনার পরেই কবিতা ও গল্প পড়া কয়েকদিনের মধ্যেই শেষ করে ফেলতাম। ক্লাসে যখন স্যার বুঝাতেন তখন বুঝতে আরও সুবিধা হতো।আমি সব ধরনের কবিতাই পছন্দ করি।কবিগুরু রবীন্দ্রনাথের কবিতা অত্যাধিক উৎসাহের সঙ্গে পড়ি। কবি নজরুল ইসলাম, কবি সুকান্তের কবিতাও আমাকে বিশেষ ভাবে আকৃষ্ট করে। কবিতা ভরা গাঙ্গে বাণ ডাকার মতো আমাকে উৎসাহ উদ্দীপনা জোগায়।

বলতে গেলে চতুর্থ শ্রেণীতেই আমার কবিতাতে হাতে খড়ি।কবিতা পড়ে অবাক হয়ে ভাবতাম -- এই কয়েকটা শারির মাধ্যমে কি সুন্দর ভাবে মনের কথা প্রকাশ করা যায়!

একদিন মনে হলো, আমারওতো কিছু বলার আছে।আছে ভাললাগা মন্দলাগা।আমি আমার চারপাশের ঘটনারাজি যদি

কবিতার আকারে প্রকাশ করতে পারি তবে ভালোই হবে।তখন থেকেই শুরু হয়েছিল কবিতার হাত ধরে আমার যাত্রা।কিন্তু সেই যাত্রা পথও এতো সহজ ছিল না।জীবনের চড়াই - উৎরাই পার হতে হতে আমার কবিতাও হারিয়ে গেল কালান্তরের ধারায়।

আবার শুরু করলাম যাত্রা।আমার কবিতায় তাই আছে যেমন সুখের কবিতা,তেমনই দুঃখেরও।প্রকৃতির সাথে আমি নিজেকে একাত্ম অনুভব করি।প্রকৃতির মতোই কবিতার মাধ্যমে আমার এই বইয়ের চল্লিশটি কবিতার মাধ্যমে ব্যাক্তিগত ও সমষ্টিগত জীবনের ভাঙা গড়ার ছবি আঁকতে চেয়েছি। আমি আমার আনন্দ সুধী সহৃদয় পাঠক - পাঠিকাদের সঙ্গে ভাগ করে নিতে চাইছি। পাঠক পাঠিকাদের প্রতি রইলো আমার অকুণ্ঠ শ্রদ্ধা ও ভালোবাসা।

ধন্যবাদ ও শুভেচ্ছান্তে

আরতি চৌধুরী

কবি পরিচিতি:-

আরতি চৌধুরী - আমার জন্ম ২৫ শে আগষ্ট,১৯৫৮ সাল। পিতা স্বর্গীয় হরিপদ দেবনাথ এবং মাতার নাম স্বর্গীয়া হেমলতা দেবনাথ। আসামের বঙ্গাইগাঁও নামক একটি ছোট মফস্বল শহরে বাস করতাম। ১৯৭৪ সনে বঙ্গাইগাঁও রেলওয়ে হাই স্কুল থেকে মেট্রিক পরীক্ষায় প্রথম বিভাগে উত্তীর্ণ হই। তারপর গৌহাটি ইউনিভার্সিটির অধীনে বঙ্গাইগাঁও কলেজ থেকে১৯৭৬ সনে উচ্চ মাধ্যমিক পরীক্ষায় পাশ করি।

১৯৭৭ সনে কেন্দ্রীয় সরকারের টেলিকম ডিপার্টমেন্টের এ চাকুরী পেয়ে আসামের তেজপুর শহরে আমাকে চলে যেতে হয়েছিলো। ১৯৭৯ সালে তেজপুর কলেজ থেকে অর্থনীতিতে অনার্স নিয়ে স্নাতক ডিগ্রী লাভ করি।

পরবর্তী সময়ে ১৯৮৪ সালে -- দি নিউ ইন্ডিয়া অ্যাসুরেঞ্চ কোম্পানীতে নতুন করে চাকুরীতে যোগদান করি। ১৯৮৬ এ বিয়ে হয়। হাসব্যান্ড এর নাম পরিতোষ চন্দ্র চৌধুরী।উনিও ইন্সুরেন্স কোম্পানীতেই কর্মরত ছিলেন।আমি এক কন্যা ও এক পুত্র সন্তানের জননী।এর পর ২০১২ সালের সেপ্টেম্বরে আসামের গুয়াহাটি হতে ট্রান্সফার নিয়ে দিল্লীতে চলে আসি।

বর্তমান বাসস্থান দিল্লী।ছোটবেলা থেকেই লেখার আকর্ষণ

ছিল। বিশেষ করে কবিতার প্রতি। মফস্বল শহরের রক্ষণশীল পরিবার থেকে সাহিত্য ভাবনায় উদ্বুদ্ধ হাওয়া ছিল প্রায় অসম্ভব।আমি যখন নবম শ্রেণীতে পড়ি তখন বাবা আমাদের ছেড়ে পরমধামে চলে যান। তখন আমার মেজদা অভিভাবকের দায়িত্ব নিতে হয়।

কলেজে হায়ার সেকেন্ডারি ক্লাশ এ কথাশিল্পী শরৎ চন্দ্রের উপরে একটা প্রবন্ধ লিখে তৃতীয় পুরস্কার পেয়েছিলাম। তারপর নানা কারণে সাহিত্য জগতের সাথে বিচ্ছিন্ন হয়ে পড়ি।তারপর গুমরে থাকা ইচ্ছাটা মাঝে মাঝে জেগে উঠতে চাইলেও জাগাতে পারিনি। বর্তমানে আবার লেখার মাধ্যমে সেই ফেলে আসা ইচ্ছাটাকে নিয়ে সকলের শুভেচ্ছার সাথে জীবনের বাকি পথ টুকু চলা...

সূচিপত্র

———***———

১) নৈসর্গিক ক্রীড়া

তারিখ: ০৫/০৮/২০২১

আকাশ তো নীলাম্বরী শাড়ি পরে নিমগ্নই ছিল

মোহময়ী নয়নে সাগর পানে তীব্র আকর্ষণে!

তবে কেন এমন হলো?

হঠাৎ সাদা পালকে মোড়া মেঘমল্লিকা

কোথা হতে এলো ধেয়ে?

বিস্মিত আকাশ অকস্মাৎ এমনি অঘটনে!

আকাশেরতো কোন দোষ নেই

নেই দোষ মেঘ মল্লিকারও...

তাপিত অশ্রু নিয়ে যায় আকাশ সকাশে

কেহ কোন কথা নাহি জিজ্ঞাসে,

হয়তো বা আকাশও চেয়েছিল

উবে যাওয়া সাগর নীরে তৃষ্ণা মেটাতে!

শুভ্র মেঘ ঘুর ঘুর করে ঘুরে বেড়ায়

নানা ছবি আঁকে আকাশের গায়

 কাজলে কাজলে আকাশকে ঢেকে

অভিমান করে নিজেই আবার সজল নয়নে!

প্রখর সূর্য রশ্মির বিচ্ছুরিত কণিকা

সাগরকে শুষে নিংড়ে উতপ্ত করে,

সাগর এক বুক জ্বালা নিয়ে দ্রুত বেগে ধায়

 আকাশ পানে শীতলতার সন্ধানে!

আকাশও বুকে টেনে লয় ব্যথিত ব্যথার বাষ্প

 ধরে রাখে বুকে অতি সোহাগে, সংগোপনে।

একদিন ঘন কাজল মেঘ নয়ন

আবার ফিরে ফিরে চায় ঐ সাগর পানে,

ঝরে মুষলধারে পুনঃ সাগর মিলনে!

সূর্য,আকাশ আর সাগর এই তিনে মিলে

 খেলছে মর্মস্পর্শী নৈসর্গিক খেলা!

ওরা তিনজনই নিপুণ খেলোয়াড়

কিন্তু প্রতিযোগী নয়, প্রকৃতির বিস্ময়!

প্রকৃতির মতো মানুষও যদি এমন হতো!

তবে কি আর পৃথিবীতে এতো সংঘাত রহিত?

কিন্তু প্রতিযোগী নয়, প্রকৃতির বিস্ময়!

প্রকৃতির মতো মানুষও যদি এমন হতো!

তবে কি আর পৃথিবীতে এতো সংঘাত রহিত?

২) সুখ-দুঃখ

তারিখ: ০৮/০৯/২০২১

সুখ তোমাকে সুখী করবে ?

ভেবেছো যদি করেছ ভুল,

সুখ ভীরু চঞ্চল

স্থির হয়ে রয় না কভু

যদি বিছিয়েও দাও তোমার সুরভিত অঞ্চল।

সুখকে বহু মূল্যবান ভেবে

প্রতিজন মানুষই করে অন্বেষণ।

এক টুকরা আলেয়ার মতো

ঝিলিক দিয়ে আসে কুহেলিকা সম

মিলিয়ে যায় পর মুহুর্তেই,

রেখে যায় স্মৃতির কিছু দাগ।

সুখ তোমাকে সুখী করবে?

মূল্যবান রক্নের মতো রাখবে অনড় সিন্দুকে?

সবটাই ভুল,

কষ্টে অর্জিত সুখও ছিদ্রপথ খোঁজে

বেরিয়ে যায় গুপ্ত চরের মতো অজ্ঞাত পথে।

সুখ কখনো দান্তিক রাজার মতো

বিরাজে মনের সিংহাসনে

কালক্রমে একদিন স্খলন ঘটে।

তবুও মোরা সুখ-সুখ বলে কেঁদে মরি

দুঃখের ভয়ে জীবনভর করি সুখের গোলামী।

সুখের কোন ঘর হয়না,

কোকিলের মতো কুহু ডাক দিয়ে

শুধু কূহকে ভুলায়।

বসন্তের রঙীন স্বপ্ন দেখি

চির বসন্ত ভেবে ক্ষণিক সুখের পরশে

চোখ মুদে থাকি তৃপ্তির আবেশে।

সুখের চেয়ে বেদনাগুলো ঢের শক্তিশালী

নির্ভয়ে দরজায় কড়া নেড়ে

ডাকাতের বেশে প্রবেশে অন্দরে

লুট করে নেয় সুখের সিন্দুক !

ভয়ে ভীত নির্বাক রয় দূর্বল সুখ

জড়োসড়ো হয়ে লুকায় আঁধারে।

দুঃখকে আমি ভালো বাসতে শিখে গেছি,

জানি সেই থাকবে কাছে আজীবন।

সুখের তরীতো ভাঁটির টান খোঁজে

দুঃখই সারা জীবন উজান বায়।

ঘর বাঁধে মনের মণিকোঠায়

কঠিন সময়ে সঠিক পথ দেখায়,

সুখের মতো সেতো নয় ঠিকানা বিহীন!

~~~~~~~~~~
~~~~~~~~~~

৩) বালুকা বেলা

তারিখ : ২৯/০৮/২০২১

হঠাৎ তুমি থেমে গেছ,

থেমে গেছে তোমার আনা গোনা

 বালুকা বেলায়।

তুমিতো ঝিনুক কুড়াতে আসনি!

আসনি কোন মুক্তার সন্ধানে,

এসেছ তুমি ক্ষণিক ভ্রমিতে মুক্ত হাওয়ায়!

আনমনে পথ চলেছিলে

 কতো নুড়ি বালি পেরিয়ে এসেছ

পাথরে পাথরে ঠোকর খেয়েছ,

তাই বালুকা বেলায় বিহারের স্বাদ

এনেছে তোমার হৃদয়ে অবসাদ!

লক্ষ্য বিহীন পথে রয়েছ উদাসীন

দুপায়ে তোমার শেকল পরিয়ে

অলসতা হলো আসীন।

ক্রমান্তরে তুমি থেমে গেলে অকারণে।

যে সাগর ভেবেছিল

তোমাকে মুক্তা ভরা ঝিনুক দেবে উপহার

রেখেছিল শিল নুড়ির মাঝে পরশ পাথর

ঢেউ দিয়ে তোমাকে জানিয়েছিল বার বার

ব্যর্থ হলে তুমি, ব্যর্থ হয়নি সাগর।

খাঁটি মুক্তা পেতে হলে

তোমাকে ঠিক একদিন আসতেই হবে

সাগর বেলায় আবার!

৪) **সুখপাখি বনাম দুখপাখি**

তারিখ: ২৫ /০৮/২০২১

জীবন যন্ত্রণাকে সুখ দিয়ে ভুলানো যায় না,

যাত্রা পথের প্রতি মোড়ে মোড়ে

 বেদনার অস্ত্র দিয়ে যন্ত্রণার অশ্রু ঝরায়।

সমঝোতা করতে হয় জানি,

দুঃখকে তাই বলি--এসেছ বেশ করেছ!

আরও কি কিছু রয়েছে দেবার বাকি?

যোগ -বিয়োগ ,পূরণ - ভাগের জটিল অঙ্ক

 কষতে কষতেই জীবন হলো পার

আর কতো তুমি করবে মোরে ছাড়খার!

দুখপাখির মিষ্টি হাসিটুকুও যে

 কতো বিদ্রুপের, তাও জানি।

সুখপাখিটাকে ছুঁতে গেলেই উড়ে যায়

তবুও কেন যে সুখের ক্ষীণ আশা

এখনো আনাগোনা করে বুকের খাঁচায়!

একদিন দেখি সুখ -দুখ দুটি পাখিই

দাঁড়িয়ে আছে মোর দুয়ারে

ভাবছি প্রয়োজন নেই তো আর কাহারো!

বসাবো না ওদের আর আদর করে অন্তরে,

ধীরে ধীরে দুটি পাখিই সরে গেল দুই ধারে।

আমি ট্রাফিক লাইটের মতো

দাড়িয়ে রইলাম মাঝ পথে।

দেখলাম সুপাখি দুখপাখী

দুইয়ের আসা - যাওয়া পথিকের মতোই

নির্ভর করে আমার সংকেতের উপরেই!

যখন জ্বলে উঠে ট্রাফিকের লাল আলো

থমকে দাঁড়াতে হয় ট্রাফিকের অধীনে।

কখনো হলুদের সংকেত মনে জাগায়

থেমে যাওয়ার ভয়

গুটি গুটি পায়ে তখন এগোতে হয়।

জানি ট্রাফিক আলোর মতোই

জীবনে একদিন আসবেই সবুজের সঙ্কেত,

শুধু সময়ের অপেক্ষা।

৫) অভিজ্ঞতা

তারিখ: ৩০/০৮/২০২১

বিনা মেঘে যদি বজ্রপাত হয়

নীলাকাশ ও কি তখন অবাক নয়?

জিজ্ঞাসু নয়নে প্রশ্ন জাগে না কি

একি হলো?

কেন হলো এমন আজ?

কার্য-কারণের উর্ধ্বেও আছে কিছু রাজ?

হঠাৎ দমকা হাওয়ায় যদি উৎপাটিত হয়

বিশ্বাস নামক গাছটির মূল

ভেঙ্গে পরে যদি মনের ডালপালা

নীলাকাশের মতোই অবাক হাওয়ার পালা

কেন এলো অকারণে এমন বিপর্যয়?

কোন্‌ চাপে সৃষ্টি হলো এমন রুদ্র রূপ?

নয় কি এ ভূগোলের জল - বায়ুর গোলমাল!

দুর্যোগের নেই কোন সময় অসময়

নিঃশব্দ তস্কর সম নির্মাণ করে সিঁদেল পথ

কোন এক ফাঁকে এসে ফেলে বিপাকে,

উত্তীর্ণ হতে হয় কালের কঠিন পরীক্ষায়!

কখনো মেঘ না চাইতেই বৃষ্টি ঝরে

 বৃষ্টি ঝরে হৃদয় পরে

ভাসি তখন সুখের নেশায়

 ঘটনার ঘনঘটায় নতুন অভিজ্ঞতায়

আজও মোরা ভ্রমি অজানায়!

জীবনটাও গোলাকার পৃথিবীর মতোই

ফিরে আসে বারে বারে একই বিন্দুতে

 উত্তরমেরু দক্ষিণমেরু সম

চাঁপা সুখ - দুঃখ ঘিরে মনে উঠা ঢেউ

 রুধিতে পারি না যে কেউ

ভাঙছে আর গড়ছে অবিরত!

ঘূর্ণিয়মান পৃথিবীর সঙ্গে আমরাও ঘুরছি,

চতুর্দিকের চাপে আমরা হই স্থবির।

স্পেকট্রামে সব রং থাকা সত্ত্বেও

আমাদের নয়ন শুধু দেখে শুভ্র শূণ্য।

আড়ালে থাকা সংরক্ষিত রঙগুলো

কাঠ পুতলির মতো অলক্ষ্যে নাচায়।

আমরাও নাচি সময়ের ধারায়

নিত্য নতুন মধুর - তিক্ত অভিজ্ঞতায়।

আমরাও কি তাহলে রোবট!

৬) দমকা হাওয়া

২০/১১/২০২০

কোন এক শারদ উৎসবে

চারিদিক মুখরিত উৎসাহে কলরবে

মায়ের চরণে অঞ্জলী ঢেলে

দাঁড়িয়ে ছিলাম মায়ের দিব্য মুখ পানে চেয়ে।

সহসা তুমি এলে সন্মুখে মোর

না বলা কথার ঝুড়ি খানি লয়ে।

এক পলকের একটু দেখা

আর একটি মাত্র শব্দের ঝঙ্কার

মায়ের প্রসাদটুকু দিয়ে উপহার

নীরবেই মিশে গেলে লোকের ভিড়ে।

তোমার ভাষাহীন ভাষার অর্থ

খুঁজে পেলামনা আমার হৃদয়ের অভিধানে

আমিও ডুবে রইলাম শত প্রশ্নের ভিড়ে।

তোমার ছিল কি সেদিন ভীরু মন?

নাকি সে কি ছিল তোমার অহঙ্কার?

নাকি লাজে রাঙা চাঁপা অনুরাগ!

কিছুই হলো না আবিষ্কার।

মায়ের চরণে প্রণাম জানিয়ে

জিজ্ঞাসু দৃষ্টিতে চেয়ে রইলাম মায়ের পানে।

মনের নিভৃত কোণেলুকিয়ে রেখেছিলাম নীরব অপমান।

তোমার জটিল ভাষা বুঝার দক্ষতা

ছিল না সেদিন আমার কাছে।

আমার সরল হৃদয়খানি

বেদনার আঁচলে ঢাকি

ফিরে এলাম ধীর পায়ে

তোমার লজ্জা,ভয় আর অহঙ্কার মিশ্রিত

দুর্বোধ্য ভাষার অর্থ খুঁজতে খুঁজতে।

৭) ভাঙা- গড়া

তারিখ:২২/০৮/২০২১

আমি শুধু রঙ-তুলি দিয়ে ছবি আঁকি না

 ছবি আঁকি পেন্সিল দিয়েও।

কিছু ছবি আঁকি আর মুছি বারে বার

প্রতিবারই হয় নতুন সৃষ্টি আবার!

শুষ্ক মরুভূমিও বালিয়াড়ি গড়ে

 আর ভাঙে বালু ঝড়ে।

মেঘ সৃষ্টি হয় আকাশ পারে

মেঘ ভেঙেই আবার বৃষ্টি ঝরে।

সাগরও ঢেউ গড়ে আর ভাঙে

 অবশেষে আছড়ে পরে তীরে।

ভাঙা আর গড়ার খেলাইতো চলছে

অনাদি কাল ধরে!

তবে আর ভয় কিসের?

ঈশ্বরেরও দুটি কাজ সৃষ্টি আর ধ্বংস

আমরাও যে তারই অংশ!

আমরাও ঐ একই কাজ দুটি করি

আমাদের শরীরে থাকা কোষ গুলো

আমারই ভাঙছি আর গড়ছি অবিরত

অজ্ঞাতে নীরবে নিবিড়ে নিয়ত।

৮) **সমন্বয়**

তারিখ -০৯/০৯/২৯২১

তুমি যদি হও শুষ্ক মরুভূমি

আমি হবো মরুদ্যান,

ক্লান্ত পথিক এসে জুড়াবে প্রাণ।

তুমি যদি নৌকা হও

আমি হবো নাইয়া,

যাত্রীদের নিয়ে ওপারে যাবো বাইয়া।

তুমি যদি রোদ হও

আমি হবো বৃষ্টি,

তুমি আমি মিলে করবো রামধনুর সৃষ্টি।

তুমি যদি ঝড় হও

আমি হবো মহীরুহ

ধ্বংসের গতিবেগ হবে অবরুদ্ধ।

তুমি যদি হও সাগরের ঢেউ লহরী

আমি হবো ঝিনুক

খুঁজে নিও আমার ভিতরে রাখা মানিক।

আমি যদি সাগর হই

তুমি হইও আকাশ,

নিরবচ্ছিন্ন তোমায় দেখার পাব অবকাশ।

আমি যদি কুসুম হই

তুমি হইও পবন

সুগন্ধিতে ভরে দিও সবারই ভবন।

আমি যদি ঝর্ণা হই

তুমি হইও নদী,

তুমি আর আমি মিলে বইবো নিরবধি।

তুমি যদি সূর্য হও

আমি হবো সূর্যমুখী

তুমি আমি কইবো কথা হয়ে মুখোমুখী।

আমি যদি তারা হই

তুমি হইও আকাশ

তোমার বক্ষেই হবে আমার অনন্ত বাস।

আমি যদি ঘাস হই

তুমি হইও শিশির

দুজনেই নিশি ভোরে রইবো নিবিড়।

তুমি যদি হিম হও

আমি হবো উষ্ণ প্রস্রবণ

আনন্দে বিগলিত হয়ে বইও সর্বক্ষণ,

দুজনে মিলে গাইবো নব জীবনের গান।

৯) দিগন্তে নতুন আলো

০১/০৯/২০২১

করোনার দন্ডি কাটা গণ্ডিতে রয়েই

এঁকেছি কতো স্বপ্ন মাখা রঙীন ছবি।

কল্পনায় পক্ষ মেলে ছুঁয়েছি নীলাকাশ

মেঘের সাথে ঘুরেছি দেশ - বিদেশ।

দুই গজ দূরে থেকে স্পর্শিতে পারিনি যাকে

অনুভূতির স্পর্শে আলিঙ্গন করেছি

দুবাহু মেলে তাকে।

চারিদিকে শুধু ভয় আর ভয়,

করোনা পুতেছে সন্দেহের বীজ

প্রতিটি মানুষের অন্তরে এনেছে অবক্ষয়।

স্কুল কলেজের দরজা বন্ধ

করোনার ভয়ে গৃহকোন হলো কারাগার

একেলা নিজেই করো নিজের পাঠোদ্ধার।

সকল পরীক্ষা হয়েছে স্থগিত

খোলা রয়েছে শুধু করোনার সত্য নিরূপণ।

করোনার ঝড় থেমে যাক এবার

ঝড়ে ভাঙা কতো সুখ নীড়

হয়েছে হতচ্ছাড়া বিশৃংখল।

করুণ নয়নে চেয়ে থেকে থেকে

কতই না সয়েছে ধকল!

প্রকৃতির দণ্ড বিধানের কাছে আমরা

কতো যে অসহায় সেটাই হলো প্রমাণ।

এসো নীরব প্রার্থনা করি এবার--

খুশীর ফোয়ারায় ভরে উঠুক মন আবার

ডানা মেলে শুরু হোক আলোর পথে যাত্রা

চলো টেনে দিই এবার করোনায় শেষ মাত্রা।

বাতাস বয়ে আনুক শান্তির বার্তা

আগুনে পুড়িয়ে ফেলি সব মলিন পাতা

আকাশে ছড়িয়ে পরুক খুশির ফুলঝুরি

সহজ সরল জীবনে ভরে থাক স্বচ্ছতা

সূর্য রশ্মিতে বিগলিত কঠিন হিমবাহ

বয়ে নিয়ে আসুক শান্তির ধারা।

আশার আলো জ্বেলে বসে আছি মোরা

সেই দিনটির অপেক্ষায়।

১০) চিরসুখী

তারিখ: ০৮/০৯/২৯২১

পাষাণ হৃদয় মানুষের অন্তরে

মনুষ্যত্ব খুঁজতে যেও না।

অপরের খুশির খোরাক জোগাতে গিয়ে

নিজেকে অভুক্ত রেখো না।

মায়ার জগতে

মিথ্যা অভিসারে ভ্রমণ করো না।

ভয়ার্ত হৃদয় নিয়ে পথে চলো না,

শেয়াল - কুকুরও ভয় দেখাতে চাইবে।

ভালবাসার কাঁধে কাঁধ মিলিয়ে সাথ দিও

বহিতে পারা বোঝাটুকুই সাথে রাখিও।

স্নেহমাখা হাতে হাত বাড়িয়ে

পারো যদি কারোকে উপরে তুলিও।

বিশ্বাসের ডালিখানি ভরে রাখিও

অবিশ্বাসী ঘুণ পোকা ফিরে যাবে স্থানাভাবে।

উষ্ণ দহনে বার বার দহে

কৃত্রিম প্রলেপ হতে দূরে থেকো।

পৃথিবী শূন্যের উপর বিরাজমান

সকল সম্পর্কই শূন্যে ঘূর্নিয়মান।

পৃথিবীর মতো মানুষে - মানুষের সম্পর্কে

নেই কোন মাধ্যাকর্ষণ।

আছে শুধু এক ফোঁটা মায়ার বন্ধন।

যে কোন মুহুর্তেই হতে পারে ছিন্ন-বিচ্ছিন্ন।

সুখ পাখিটা ক্ষণে ক্ষণে উড়ে যায় দূরে

দুঃখ পাখিটাই সুর মিলায় সুরে সুরে।

ক্ষণস্থায়ী সুখ কখনো আসে যদি আসুক

দুঃখকে ভালবেসেও এখন আমার সুখ,

বলতে পারি আমি এখন চিরসুখী!

১১) স্রোতধারা

তারিখ: ২৪/০৭/২৯২১

জানি,নদীর স্রোত আছে

আছে তার উদ্দাম গতিধারা।

দুপারের ভাল মন্দ সব গোগ্রাসে গিলে

আগ্রাসী ঢেউ বয়ে চলে সাগর পানে।

রেখে যায় ভাঙচুরের কিছু স্মৃতি।

বলি--সময়ওতো এক স্রোত,

ভেসে চলেছি সবাই অবিরত

নিঃশব্দে নীরবে অদৃশ্য নিরাকারে।

তাকে ছোঁয়া যায় না

শুনা যায় না কুলু কুলু কোন ধ্বনি

উচ্ছাস নেই অথচ বইছে জানি

অবিশ্রান্ত বেগে কালান্তরের পানে।

সাথে চলে সুখ - দুঃখের অবিরত ধারা।

ঘড়ির কাঁটায় সময়কে বেঁধে,

বৃথাই সময় কাটাই হিসাব রেখে

জীবন খাতায় গরমিল রয়েই যায়।

হিসাব নিকাশে বন্দী করা সময় ঘড়ির কাছে

আমরাই বন্ধক রাখি জীবনটাকে।

অলস ক্ষণে চুপিসারে উঁকি মারে

কিছু অনাবশ্যক রোমন্থন।

সময়ের স্রোত হলো গুপ্তঘাতক,

বয়ে যাওয়া তটিনী হতেও মারাত্মক!

সময়ের কাছে অবরুদ্ধ হয়ে

কেন যাই আমরা জীবন তরীখানি বেয়ে?

সময়কে সময় কেন দিই স্মৃতিচারণে?

সময় স্রোতের টানে

কি জানি কেমন করে পার হয়ে আসি

শৈশব - কৈশোর - যৌবন - পৌঢ়।

সব দশা পেরিয়ে দাঁড়াই এসে

অবশেষে বৈতরণী নদীর কিনারে।

বৈতরণী নদীর ধারায় বইবো না আর

পার হতে হবে যে ওপারে এবার।

কি কঠিনই যে শেষ লড়াই!

জীবন যুদ্ধের প্রথম লড়াই লড়ে ভূমিষ্ট হই

মরণ যুদ্ধ লড়ে বৈতরণী পার হই।

অসীম শক্তিধর শিশু আর বৃদ্ধ দুইই

মহাসমরে ব্রতী একাকী

মাজ পথে কেন মোরা ভাবি অসহায়?

আমরা হলাম চির মুক্তধারা

কোন স্রোতের কাছেই হার মানবো না

সে সময় কিংবা নদী যাই হোক না কেন!

১২) অকৃত্রিম ভালবাসা

তারিখ:১৪/০৭/২০২১

সোনার খাঁচায় বন্দী করে

রাখবো না আর নিজেকে ধরে।

দেখেছি অসংখ্য মন পাখি

খাঁচার ভিতরে এদিক ওদিক ঘুরে

যন্ত্রনায় পুড়ে মরে বিনা আগুনে!

কিটস এর মতো চাই খোলা আকাশ,

উদ্দাম হাওয়ায় উদ্যম বেগে

মন পাখি উড়ে যাক ডানা মেলে

মেতে উঠুক প্রকৃতির আজব খেলায়।

ফুলের নানা রঙ মেলায়

তোতাপাখির সবুজ গায়ের লাল ঠোঁটে

শুভ্র পায়রার শান্তির আমন্ত্রণে

কোকিলের কুহু তানে

মেঘের গুরু গর্জনে

বিজুলি চমকে

রিমঝিম বৃষ্টির মধুর সুরে

প্রাণবন্ত নদীর কুলু কুলু রবে,

কিশোরী ঝর্ণাও কেড়ে নেয় তন্দ্রা।

যতোই দেখি সব প্রাণ ভরে

তৃষ্ণা ততোই যায় দিনে দিনে বেড়ে!

এতো সুন্দর প্রকৃতি ধরা দিতে চায়

অকৃত্রিম সাজে!

তবুও কেন খুঁজি মোরা কৃত্রিম ভালবাসা

মরু তৃষ্ণা বুকে লয়ে

চাতক পাখির মতো হাহাকারে??

১৩) ক্লান্ত পথিক

তারিখ:২৩/০৭/২০২১

আমি কি একটু বেশিই ক্লান্ত হয়ে পরেছি?

এখনই ক্লান্ত হলেতো চলবে না কবিতা!

আমি কায়া হয়ে যতটা পথ হেঁটেছি

তুমিও ছায়া হয়ে ততোটা পথই চলেছ।

এ ক্লান্তি শুধু আমার একার নয়

এ ক্লান্তি তোমার - আমার দুজনার।

আবার যখন আমরা হলামই মুখোমুখি

এবার তাহলে নিভৃতে নীরবে প্রাণে প্রাণ ঢেলে

কইবো অনেক অনেক কথা!

তুমি বলবে অবিরাম ধারায়

তোমার সব খুশি আর বেদনার কথা।

আমি কান পেতে শুনবো আর

মনের পাতায় লিখবো ধারাবাহিক ভাবে

কখনো যদি এলোমেলো হয়ে যায়,যাক না!

চলো, তাহলে এবার পায়ে পায়ে চলি

হাতে হাত ধরে ফাগুনে, আষাঢ়ে।

আঁকা - বাঁকা পথে যদি পিছলে পরি

নিও তুমি তুলে দুহাতে ধরি,

তোমার সঞ্জীবনী শক্তিতে উজ্জীবিত হয়ে

চলবো আবার ধীর ধীরে

 তোমার আমার যাত্রা যে অনন্ত কালের

অন্তহীন পথে!

কবিতা, আমরা হলাম পথিক

পথ চলাই আমাদের ধর্ম,

পান্থশালাতো আমাদেরই জন্য!

একই সাথে বিশ্রাম নেব শ্রান্ত শিবিরে

মৃদু হাওয়ায় বকুলের আঙ্গিনায়

সুগন্ধি ছড়িয়ে পরুক পরন্ত বেলায়!

আবার চলবো নতুন পথে

 সাথে থাকবে তুমি আর থাকবে

চলার পথের কিছু ভাঙা গড়ার স্মৃতি!

আমার প্রতিটি স্পন্দনে অনুভব করি

তোমার উপস্থিতি,

কোন সূক্ষ্ম ডোরে জড়িয়ে রেখেছ মোরে!

কবিতার গভীর দৃষ্টির নিক্ষেপে

হারিয়ে গেল আমার ভাষা আরও গভীরে

বন্দী হলাম আমরা আবার নতুন অঙ্গীকারে!

১৪) চিন্তা

তারিখ: ২৬/০৭/২০২১

চিন্তাকে নিয়ে বড্ড চিন্তা হয়

দিন রাত ঘুরে ঘুরে ভালো মন্দ

সব চিন্তা এনে জড়ো করে

আমার মস্তিষ্কের গুদাম ঘরে।

চিন্তা করে পাইনা

চিন্তাগুলো রাখবো কোথায়?

গুদাম ঘর যে চিন্তায় পরিপূর্ণ!

আনাচে কানাচে সর্বত্র চিন্তার কোলাহল।

এলোমেলো চিন্তায় হই সদা বিব্রত।

প্রহরীর মতোই থাকি পাহারায় রত

তবুও কোন সূক্ষ্ম পথ ধরে চিন্তাগুলো

প্রবেশ করে আমার মস্তকপুরীতে

যেমন করে প্রবেশ করেছিল হনুমান লঙ্কা পুরীতে।

হনুমানের মতোই আবার বিরাট রূপ ধরে

আগুন ধরাতে চায় আমার মনের সোনার পুরীতে।

চিন্তাকে বলি - নিজের চিন্তার আগুনে

 হনুমানের মতোই মুখ পোড়াবি নাকি?

হনুমানতো সীতার সন্ধানে গিয়েছিল

তুমি কার সন্ধান করিস?

মনে মনে ভাবি--- চিন্তার হাট যদি বসতো

সস্তায় সব চিন্তা বিকিয়ে দিতাম।

যদি থাকতো কোন দাতব্য খানা

 সব চিন্তা দুহাতে বিলিয়ে দিতাম।

চিন্তার বেলায় সবাই দাতা হতে চাই

গ্রহীতা কোথা খুঁজে পাই?

কে কিনবে,কে লইবে ভার?

সকলের কাছেই চিন্তা আছে যে অপার!

চিন্তা এবার তুলে ধরলো নিজের সাফাই

ওর নাকি কোন ভুল নাই!

সব দায় বর্তায় আমার উপরেই।

চিন্তার কথাটি নিয়ে গভীর চিন্তায় মগ্ন হলাম,

সত্যিই তো!

ওর কোন ভুল নেই!

এলোমেলো চিন্তাগুলোকে আমিই প্রশ্রয় দিই!

এবার চিন্তাগুলোকে গোছাতে হবে,

বিভাজন করতে হবে ভালো মন্দের

পচন ধরতে দেবোনা আর সুচিন্তার!

অবাঞ্ছিত চিন্তাগুলোকে মাটি চাঁপা দেবো

পরিণত হবে জৈবিক সারে ক্রমান্তরে

ওখানেই বুনবো সুচিন্তার বীজ

ভুঁই ফুরে জন্ম নিবে

কতো সুন্দর-সুগন্ধি বিভিন্ন গাছ

জুঁই - চামেলী- হাসনুহেনা - রজনীগন্ধা,

ফুটবে পলাশ- বকুল - শিমুল - কৃষ্ণচূড়া।

জানি,চিন্তা বিনা বাঁচা অসম্ভব,

মুনি ঋষিদেরও ঈশ্বর লাভের চিন্তা।

আমরা সবাই কেহ ধনের কেহ বা মানের

চিন্তায় চেতনে - অবচেতনে সদা মগ্ন।

১৫) শুধু তোমাকেই

০৩/১১/২০১৩

খোলা জানালায় মুখটি রেখে

বারে বারে বাহির পানে তাকাই

আমার নয়ন খুঁজিয়া বেড়ায়

শুধু তোমাকেই,শুধু তোমাকেই!

ফাগুনের নানা রঙে রঙে

 কতো ছবি ছিল মনে মনে আঁকা।

চোখের জলে মনের রং - তুলি দিয়ে

তোমাকেই সাজাই, শুধু তোমাকেই!

তুমি আমার মনের স্বপন বনে বাতাস হয়ে

কানে কানে কতো কথা কয়ে যাও।

আমি মুগ্ধ হয়ে শুনি তায়

ভুল করিনিতো ভালবেসে শুধু তোমাকেই,

শুধু তোমাকেই!

জানি তারা হয়ে আছো

মুখপানে চেয়ে শুধু আমারই।

আমার নয়ন তারায় দেখিতে যে পাই

শুধু তোমাকেই,শুধু তোমাকেই!

আপন সুখ জলাঞ্জলি দিয়ে

চেয়েছিলাম সুখ তোমারই,

আজও এক বুক ভরা দুখ নিয়ে তাই

সুখটুকু উপহার দিই শুধু তোমাকেই !

তোমার মনকে রাঙাতে চেয়ে

আবীর ঢেলেছিলাম উজার করে

ভরে দেবে আমার চির বসন্তের শূণ্য সিঁথি

ঐ নামটি রেখেছিলাম ভালবেসে

শুধু তোমাকেই! শুধু তোমাকেই!

১৬) পাহাড়িয়া নদী

তারিখ: ২৮/০৬/২০২১

আমি পাহাড়িয়া নদী,

বক্রতার ধাপে ধাপে

শত বাঁধা বিঘ্নের সাথে

পেয়েছিলাম কতো কটাক্ষ,উপহাস!

একমুষ্টি দৃঢ়তা বুকে বেঁধে নিয়ে

সব চক্র পেরিয়ে

বিয়েছিলাম নিজেকে অহর্নিশ।

আঘাতে আঘাতে জর্জরিতা হয়ে

হয়েছি অভিমানী স্রোতস্বিনী

সঙ্কুল পথে উদ্দাম গতি রুদ্ধ করিনি

পথ হারিয়েও খুঁজে নিয়েছি নতুন পথ।

পথোপরে ছিল যতো কূটাঘাত

সব করে ধূলিস্যাৎ

বহু ধকল সয়ে আকুল পিয়াসে

এলাম যখন পাহাড়ের কার্নিশে,

চেয়ে দেখি তুমি দাঁড়িয়ে আছো নীরবে

সমতলে,

 হয়তোবা আমারি আশে!

আমি পাহাড়িয়া বেগবতী,

তোমার দিশেহারা ক্ষীণধারা উদাস নয়ন

 আমায় করলো উদাসী

 বালুচরী নকশা চাদরে ঢাকা

তোমার শুষ্ক বুকে ঝাঁপিয়ে

চারদিক কাঁপিয়ে

ফুলে ফেঁপে লাফিয়ে

বয়ে চললাম একই ধারায়

 অবিচ্ছেদ্য প্রতিজ্ঞায়!

তুমি - আমি দুটি ধারা মিশে

আউল - বাউল হলাম সাগরের পিয়াসী!

কখনো অলস ক্ষণে ভাবি মনে মনে

আমারও তো একটা নাম ছিল,

সেই নাম গেছে ভেসে সমতলে এসে

তোমার উচ্ছ্বাস জোয়ারে গিয়েছে হারিয়ে

কি কেমন করে কোন ক্ষণে!

তোমার নামেই নামটি ধরে

ধাবিত এখন আমার শক্তি ধ্বজা,

তোমার শান্ত সত্তায় মিশে

করেছি তোমাকে উদ্বেল গতিধারা।

আমার পাহাড়িয়া ধমনীর স্পন্দন

আজও বেঁচে আছে প্রতিটি নিঃশ্বাসে

আমি মিশে গেছি তোমাতে পূর্ণ বিশ্বাসে!

আর তুমি মিশে গেছো সাগর কণিকায়।

নিজেকে হারিয়েও আমি তো কিছুই হারাইনি!

১৭) কষ্টিপাথর

তারিখ: ২৯/০৬/২০২১

এখনো তোমার ছবিতে নানা রঙ দিয়ে

সজ্জিত করি আমার শূণ্য আঙিনা।

মাধবী লতা গাছে সাজাই গোলাপী ফুল,

কৃষ্ণচূড়া গাছে আঁকি বসন্ত কোকিল।

ফাগুনকে বিদায় দিয়েছি বহুকাল হলো,

একবারও কুহু কুহু বলে ডাকোনি,

পত্র পুষ্পে শোভিত বাগিচায় চোখ রাখোনি।

কেন তবে এসেছিলে বসন্তের কোকিল সেজে?

রৌদ্রস্নাত ঘর্ম ক্লান্ত গ্রীষ্মে

এক বিন্দু শীতল পরশ ছিল দুষ্প্রাপ্য।

নয়ন আষাঢ়ের মুষল ধারায়

নিভিয়েছি আমার মন পাপিয়ার তৃষ্ণা,

সয়ে গেছি হাজারো বিতৃষ্ণা।

রাত জাগা পাখির মতো জেগে

কাক ডাকা ভোরে উঠেছি।

ঢুলু ঢুলু চোখে কর্তব্যের জালে

 নিজেকে বন্দী করে,

করেছি নিজেকে জীবন্তে হত্যা।

কষ্টিপাথরের নৈপুণ্যে যাচাই করা

দুরূহ জেনেও কষ্টার্জিত পাথরটা

রেখেছি চিত্ত কোটরে বহু যত্ন করে।

বিশ্ব ব্রহ্মাণ্ডের কোথায়ও কোনোদিন

 যদি দেখা হয় তব সনে

উপহার দেব তোমাকে।

বেদনার ঘট বিসর্জিন দিয়েছি

 প্রয়াগ তীর্থ ক্ষেত্রে,

গঙ্গার পবিত্র জলে শুদ্ধ হয়ে

মন যমুনায় করেছি অবগাহন,

হৃদয়ে ভরে রেখেছি সরস্বতীর জল।

শূন্যতার মাঝে এখন আমি কানায় কানায় পূর্ণ!

১৮) সমুদ্র মন্থন

তারিখ: ২০/০৬/২০২১

বিবেক প্রবেশ করেছে পাতালে

বুদ্ধি দখল করেছে আকাশ

ছলা - কলা খেলায় দূষিত হয়েছে বাতাস।

ঘিরে রেখেছে কালো ছায়ার প্রদুষণে।

যোগ হয়েছে নতুন অভাব,

কৃত্রিমতায় ডুবে আজ রুদ্ধ স্বাস।

প্রকৃতি মত্ত অপ্রাকৃত লীলা খেলায়

যন্ত্র যুগের তাড়নায়।

বিবেক প্রবেশ করেছে পাতালে,

চলছে বুদ্ধির সমুদ্র মন্থন।

শেষ বিন্দু অমৃতটুকুও

চেটেপুটে খাবে অবলীলায়!

ভুলে গেছে অতীত মন্থন কাহিনী

বর্ধিত বল - ঐশ্বর্য্যের আশায়।

সৃষ্টি হবে নতুন রাহু ও কেতু

খন্ডিত হয়ে চতুরতার ছলনায়!

রাহু - কেতুর বিষম গহ্বরে

পরবে বারে বারে জ্যোতিষের গণনায়।

কাল - সর্প যোগে বন্দী হয়ে

কাটাতে হবে কাল বিবেকের পাতাল ঘরে!

১৯) সুয়োরানী

তারিখ: ১৯/০৬/২০২১

কবিতাকে ভালবেসে কাছে এসেও

চেনা অচেনা দোদুল্যমান দোলায়

চেয়ে থাকি বিস্মিত নয়নে রূপের টানে!

কবিতা কখনো ছন্দ ছাড়া

কখনো দুরন্ত বাঁধন হারা।

কেড়ে নিয়েছে দিনের বিশ্রাম,রাতের ঘুম।

কখনো ঘুমঘোরে স্বপ্নের রানী হয়ে আসে

সুগন্ধি আতর মেখে।

আমার তন মন করে উচাটন,

কবিতা কি তবে লুটেরা?

এরূপ দোষারোপ করি কেমনে?

রিমঝিম বৃষ্টিতে ভিজেও কবিতা এসেছিল

আমার প্রাণহীন প্রাণে ভরে দিয়েছিল

 খুশির ফোয়ারা।

কবিতা যে বহুরূপী,

কখন কোন রূপে আসে কে জানে!

কখনো ধূলি ঝড়ে

কখনো সংগোপনে

চোখ বন্ধ করে কানা মাছি খেলি কবিতার সনে

ছুতে গিয়ে হারাই নিশানা।

সে আসে ঐ ঘন বজ্রপাতে,

আসে বৃষ্টি ভেজা রোদ মাখা রামধনুতে।

ছায়া হয়ে আমার কায়ায় মিশে থাকে

 প্রতিটি ঘাত - প্রতিঘাতে।

কখনো সে উসৃঙ্খল

হৃদয় দগ্ধ করা দাবানল

কখনো আবার শান্ত- সৌম্য

গভীর ধ্যানে নিমগ্ন জীবন রহস্য সন্ধানে!

কখনো কবিতা নটরাজ সম

উদ্দাম নৃত্যে সাজে ভয়ঙ্করী।

কখনো আবার লাস্য নৃত্যে

তন্বী মেনকা,উর্বশী!

কবিতা তুমি মায়াবিনী মোহময়ী প্রণয়ী

সুখ - দুঃখের মাঝে ছন্দ দায়িনী

আকুল নিরাশার হৃদয়ে আশার বাণী!

জানি কবিতা,

তোমার কোনো ঠিকানা নেই,

তুমি আকাশের উদাসী তারা

নীল সাগরের মায়ায় ভরা!

তোমার কোনো দেশ নেই

নেই কোন জাতি - ধর্ম

কোন ভাষাতেই নও বিভ্রান্ত

নেই তোমার কালাকালের অন্তিম রেখা।

তুমি বর্ণহীন আবার রঙীন

 গভীর মনের ভাষার উচ্ছ্বল তরঙ্গ!

তুমি ঠিকানা বিহীন হয়েও

কোটি কোটি মানব হৃদয়ে গড়েছো

ভালোবাসার ঠিকানা।

যে ঠিকানায় মন ফিরে যায় বারে বারে

তোমার অগাধ ভালোবাসার টানে।

তুমিই যে অন্তর জগতে বিচরণ করা

সকলের সুয়ো রানী!

২০) ইচ্ছাডানা

তারিখ: ১৫/০৬/২০২১

তোমার ইচ্ছা - অনিচ্ছার

ঢেউ খেলানো ডানার দোলায়

প্রতিবিম্ব হয়ে দুলছি অবিরত!

তোমার ইচ্ছা নদীর পারে বসে

তপ্ত সাহারা সম বালুকা বেলায়

কাটিয়ে দিলাম বেশ কয়েকটা বছর

অঙ্গে পৃষ্ঠে বাঁধা যন্ত্রনায়!

জলে - স্থলে , সর্বত্র

চাপ সৃষ্টি করে চলেছ।

সব আশা পাখী গেছে উড়ে

অনাগত ঝড়ের আশঙ্কায়!

একটু প্রাণ ভরে শ্বাস নিতে প্রতিক্ষণ

ধুঁকছি সবাই কৃত্রিম শ্বাসের আশায়!

আশা গাছটি বপন করেছিলাম

কল্প তরু বৃক্ষের মতো ফলের আশায়,

বহু যাতনা সয়েও রয়েছিলাম প্রতীক্ষায়।

ভাবনি তুমি আমাদের যাতনার কথা

উপড়ে ফেলে দিয়েছ স্বচ্ছন্দে।

লাগিয়েছো সেথায় বাঁশের ঝাড়,

একটু হাওয়াতেই ঠোকাঠুকি করছে

কুৎসিত আনন্দে!

আমাদের ধূলিভরা ধূসর চোখে

তোমার প্রকৃত রূপ ধরা পরেনি,

তোমার খন্ড বিখন্ড প্রতিবিম্বেও

পরা ছিল যে মুখোশ!

এই তুমি কি সেই তুমি?

তোমার আবেগে ভরা প্রতিশ্রুতির আহ্বানে,

কতো গান গেয়েছিলাম উদ্দাম কণ্ঠে।

ভবিষ্যতের ফুল বিছানার আশায়

বিসর্জন দিয়েছিলাম সব বিলাসিতা!

সত্যি, কি দারুন অভিনয়!

নায়কের বেশভূষায় মঞ্চে দাঁড়িয়ে

খল নায়কের ভূমিকায়!

উষ্ণ বাক্যের আলিঙ্গনে

ডুব দিয়েছিলাম তোমারি গহন কৃষ্ণ সাগরে

অতি পিয়াসে, বিশ্বাসে!

আস্তাকুঁড়ে রইলো পরে

আমাদের যতো ইচ্ছার বাণী।

তোমার মন সাগরে প্রস্ফুটিত হলো

তোমার ইচ্ছা ফুলের রানী!

এখনো কান পেতে শোন

সরযূ নদীর ছলাৎ ছলাৎ ধ্বনি।

বেশি দূরে নয় জল সমাধিস্থল

আমরা শুনতে পাচ্ছি,

তুমি শুনতে পাও না কি?

২১) দাবানল

তারিখ:১২/০৫/২০২১

এ কেমন দাবানল?

লাখো মানুষ জ্বলে পুড়ে হলো ছাই!

হিং- প্রতিহিংসার কি কোন সীমারেখা নাই?

প্রাণে প্রাণ ঢেলে বলতে আর পারছি কই

এসো, মন - মুখ এক হয়ে দুটি কথা কই!

জিজ্ঞাসি বিদঘুটে কটু গন্ধে

শ্বাসে শ্বাস টেনে টেনে,

ভালো আছো তো?

কোন সুখে নিদ্রিত হলে কুম্ভকর্ণ নিদ্রায়?

টুটে না নিদ্রা কাশর-ঘণ্টায়।

মনের কপাটে দিয়েছ খিল,

দিয়েছো বন্ধ করে জানালাগুলোও,

সব আলো নিভিয়ে রয়েছ নীরবে!

বিভীষিকার কালো ছায়া পরবে

একদিন তোমারও দুয়ারে!

বিদ্রোহের রোষানল কথার নীরে

নেভানো যায় না।

ছাইয়ের ভিতর হতে ফুলকি দিয়ে

জন্ম নিবে নতুন স্ফুলিঙ্গ!

সন্তান হারা জনক- জননী

পিতৃ মাতৃহীন সন্তান

দিশে হারা পতি পত্নীর বিদ্রোহের লাভা

সুপ্ত আগ্নেয় গিরির মতো করবে উদগীরণ!

এখনো শুধাই,

ভালো আছো তো?

ভালো আছে তো তোমার সুখ?

অন্তর্দাহে জ্বলছে না কি তোমার বুক?

কান পেতে রই রিসিভারে!

শিলা খন্ড হয়ে গেছে কি তোমার হৃদয়?

প্রতিমূর্তির ন্যায় ভাষাহীন হয়ে

 বসে আছো কোন অধিকারে,

মুকুট পরে সিংহাসনে?

এই কি ন্যায় এর প্রতিমূর্তি?

এই কি ছিল তোমার ন্যায্য প্রতিশ্রুতি?

আমরা এখনো আশাবাদী,

তোমার কঠিন হৃদয়ে ভালোবাসার

 সুগন্ধি কুসুম প্রস্ফুটিত হোক

হৃদয়াকাশে একটু মেঘ জমুক

অন্তত এক পশলা বৃষ্টি ঝরুক

সৃষ্টি হোক শান্তির বাতাবরণ!

২২) অজানা ঠিকানা

তারিখ: ১৯/০৫/২০২১

যখন প্রশ্ন করে কেউ আমাকে

কে তুমি? তুমি কি সেই তুমি ??

জবাব দেবার মতো নেই যে কিছুই

কে আমি?

প্রশ্ন করি তখন আমি নিজেকেই!

জানিনা কোথা হতে করেছি আগমন

শুধু এটুকুই জানি যেতে হবেই একদিন।

কিছু না জেনেই করবো যাত্রা

কোন ঠিকানা ছাড়াই।

কি উপায়ে যাবো তারও নেই ঠিক,

তৎকালেই নাহয় কাটবো টিকিট!

কবে যাবো,কখন যাবো

দিন ক্ষণেরও যে হিসেব নেই!

তবুও লোভী মন গোছায় সর্বক্ষণ!

পার্থিব বস্তুকে চিরস্থায়ী ভেবে

সারাটি জীবন ধরে হিসাব - নিকাশে

পৃষ্ঠাগুলো হিজিবিজি অঙ্কে ভরে রাখি,

শেষে না মিলা অঙ্কে মিলে শূন্য!

কভু জানতে ইচ্ছে হয়, কে আমি?

কোথায় ছিল আমার আদি নিবাস?

এই দুনিয়ায় যা কিছু করি

সবই মনে হয় মিথ্যা প্রয়াস।

নিজেকে না জেনেই ভাবি বিশেষজ্ঞ,

সত্যি আমরা বিশেষ ভাবেই কতো অজ্ঞ!

২৩) পলাশ,আবীর ও বসন্ত

তারিখ: ১১/০৫/২০২১

পলাশকে বললাম, তুমিতো সব ঋতুতে

প্রস্ফুটিত হও না!

বসন্তকে বেছে নিলে কেন?

পলাশ বললো --- এ গীতার মতো গুঢ় কথা,

অর্জুনের মতো সখা বিনা বলা যাবে না!

আমি বলি -- বাহ্, পলাশ বাহ্!

জবাব তোমার খাসা,

আজও প্রাণ সখা খুঁজে পেলে না?

আবীরকে বললাম --- কোন খুশিতে তুমি

নানা রঙে রাঙাও শুধু বসন্ত পঞ্চমীকে?

আবীর বললো -- ভাবময় হয়ে ভাবি মনে মনে

খেলছি হোলি রাধা - কৃষ্ণ সনে,বৃন্দাবনে !

আমি বলি -- বাহ্, আবীর বাহ্!

তোমার মনটিতো দারুন খাসা,

কতো যুগ ধরে দেখাবে একই লীলা?

এর পর কত বসন্ত বাহারি সাজে এলো

কতো বসন্ত পাতা ঝরার গান গেয়ে গেল!

হিসাব তো কেহ রাখি না।

জানিনা পলাশ প্রাণসখা খুঁজে পেলো কিনা!

জানিনা আবীর এখনো ভাবময় হয়ে

রঙে রঙে রাঙিয়ে হোলি খেলে কিনা!

সে যাই হোক,

বসন্ত আজও তার রূপের সম্ভার নিয়ে

হাজির হয় পলাশের বনে,

পঞ্চমীতে মিলিত হয় আবীরের সনে।

২৪) **ছদ্মবেশী**

তারিখ:১৭/০৪/২০২১

ভালোবাসো দেশের মাটিকে

ভালোবাসো দেশের মানুষকে

বুঝতে পারছি সেকথা আজ

প্রতিটি অক্ষরে অক্ষরে।

দিন রাত তোমার ভালোবাসার জোয়ারে

ভেসে চলেছি আমরা গভীর কৃষ্ঞ সাগরে!

আকাশ ছোঁয়ার আশায় যেতে যেতে

পৌঁছে যাচ্ছি পাতাল পুরীতে।

ঝাড় বাতিটা জ্বলছে সগৌরবে,

তবুও পথ খুঁজে মরছি আঁধারে !

তোমার জাদুকরী ভাষা বুঝার চেষ্টায়

দিন রাত করেছি উজার।

নেপথ্য কাহিনী কতো আর শুনবো ?

শ্রবণ শক্তি হলো যে অসার!

পুরাতন কথাগুলো নতুন মোড়কে

নানা রঙে - নানা ঢংএ আসে বারে বারে,

চোখের মনোরঞ্জনে মত্ত বিপণী

বাজার জমজমাট বিজ্ঞাপনের জোরে!

গুরুর কৌশল শিষ্য না বুঝাতো নয়!

কৃত্রিম আবরণে আচ্ছাদিত শিল্পকৌশলে

স্বর্ণ মুকুট যে স্পর্শিতে চায়!

বুঝা বুঝির খেলাতে গুরু শিষ্য দুজনেই

একে অপরকে প্রায় ছুঁই ছুঁই !

২৫) খামখেয়ালী ঢেউ

তারিখ: ১০/০৯/২৯২১

তোমার উদ্ভট খামখেয়ালীপনা ঢেউগুলো নিয়ে

এলোমেলো খেলছো অন্যের মনের উপর,

পেয়েছো কোথায় তুমি সেই অধিকার?

যতো কঠিন ঢেউই দিয়ে যাও না কেন

ভাঙতে পারবেনা মনের পাড়।

হয়তো তুমিই ভেসে যাবে

ঢেউ ভাঙ্গার টানে

আছড়ে পরবে সেই পাড়েই আবার!

বেহুঁশের পরে যবে ফিরে পাবে হুঁশ

নিজেকে নিজেই দেখবে উড়ন্ত এক ফানুস!

২৬) **ঘড়ি**

তারিখ: ২৫/০৯/২০২০

নিঝুম নিরালা রাত দুপুর

ঘুম যে আসে না দুনয়নে মোর।

অনিদ্রায় থাকি সারাটি রজনী

প্রহরীর মতো একেলা আঁধারে!

দেয়াল ঘড়িটার টিক্ টিক্ আওয়াজে

নিদ্রা যে চলে গেল বিভ্রান্ত হয়ে।

উজাগরে থেকে উৎকণ্ঠায় মরি

আসবে কখন সে আমারি আঁখিতে!

ঘড়িটার কি কোন কান্ডজ্ঞান নেই?

একটু সময়ের জন্যও থামিতে কি নেই?

বলি তারে সপ্তম সুরে,

ঘুম যে আসেনা মোর দুনয়ন জুড়ে!

মনে হলো ঘড়িটা কিছু বলতে চায়,

একেলা পেয়ে মোরে নিঝুম নিরালায়!

প্রবেশ করিলো আওয়াজ কর্ণ কুহরে,

শুনতে কি পাওনা কিছু নিজ অন্তরে?

সংকেত পেলাম হৃদয় ঘড়িটার ধ্বনি,

অবিকল দেয়াল ঘড়িটার মতোই

বাজিছে অবিরত দিবস- রজনী!

আরও গহনে কান পেতে রই,

নিদ্রার কাঙাল আমি কেন হই?

উৎকণ্ঠার রাত আমার হলো অবসান

নিবিড় কর্ণপাতে অন্দর ঘড়িটার!

অজান্তেই নিদ্রা কখন যে

 জড়িয়ে ধরলো মোর দুটি আঁখি,

জানি আর কোনোদিন দিবে না ফাঁকি!

অন্দর হোক বা বাহির

একই কাজ ঘড়ি দুটোর

জীবন্ত করে রাখে নিজেকে

অবিরত টিক টিক আওয়াজে!

২৭) অকাল নিদ্রা

তারিখ: ১৪/০৪/২০২১

কালের নায়ক হলো আজ অকালের জন নায়ক

বিশেষ ব্যাবধান চোখে পরে কি?

দুটি মঞ্চই ভিন্ন ভিন্ন রূপে ছিল একসময়

এখনসব একাকার

এই দুর্ভোগ প্লাবন হতে কে করিবে উদ্ধার?

এক একজন জনতার ভিড়ে দাড়িয়ে

কত মূল্য রাখা যায় করে নিরূপণ।

উঁচু দামে বেচা কেনা করে

চক্রান্তের জাল রেখেছে বিছায়ে।

নিজের মন দেয়না যে সায়

সেকি সত্যি না অভিনয়!

উভয়েই জড়িত একই শিল্পকলায়,

রিহার্সাল চলে নিজ নিজ আখড়ায়!

রূপালী পর্দার আড়ালে যেমনি আছে

পর্দা বিহীন সুবর্ণ খাঁচা!

তেমনিই খোলা মঞ্চের পিছনেও আছে

কতো লোভ লালসার জাল পাতা!

নানা প্রকার সম্মোহনী বাণী মোহিত করে

মিষ্টি কণ্ঠে বাস্তবের কথা শিকায় তুলে।

চৌকাঠ পেরিয়ে দেখি সাধুবেশী রাবণ

ভয়ে মন হয় খান খান,

কোন পথ যে রইলো না আর খোলা।

বক্ষভেদি তারস্বরে চিৎকারে

কার কিবা আসে যায়

সীতাকে হরণ করিতে উল্লসিত মন

পঞ্চ বটি বনে ধায়।

জাদুকরের সম্মোহনী বিদ্যায় আপ্লুত যারা

কাঠ পুতলির মতো

এ মঞ্চ থেকে সে মঞ্চে নেচে বেড়ায়।

আমাদেরইতো ভুলো মন,

সময়ে ছন্দ হারাই

 তাল কাটা ছন্দে সুরে সুর মিলাই!

ওরা কথার বেসাতি করে অন্ধ গলিতে,

নিলামে বিক্রী করে জনতার কাছে

 খোলা মঞ্চে।

রঙিন স্বপনের গল্প শুনিয়ে ঘুম পাড়ায়,

আমরা বিহ্বল হয়ে ঘুমিয়ে পরি অকাল নিদ্রায়!

আমরা জাগবো কবে??

২৮) *অসামঞ্জস্য*

তারিখ: ২৮/০৩/২০২১

ঝিনুক পাওয়া যায় সাগর বেলায়

 মুক্তা তো থাকবে সেখানেই!

যদি মুক্তার আশায় ঝিনুক খুঁজি পর্বতমালায়,

হতাশা তো আসবেই!

মরুভূমির বালুতে যদি আশা করি

 ঝর্ণা ধারা,

সে আশাতো বালু চাঁপা পরবেই!

অমাবশ্যার ঘুটঘুটে অন্ধকারে

যদি খুঁজি পূর্ণিমার চাঁদ,

তাহলে মনের আকাশেতো বিভ্রান্তি ঘটবেই!

সন্ত্রাসের শিকার হয়েও

যদি মৌন ব্রত করে খুঁজি শান্তি

তবে অশান্তির অস্তাচলে তো ঢলবোই!

রূপ আর মদিরার গ্লাসে ঝাঁপ দিয়ে

মাছির মতো যদি করে কেহ বলিদান

সেতো ডুবে মরবেই!

উচ্ছৃঙ্খল অনাবৃত ভাইরাল ছবি দেখে

যদি কেহ পুলকিত হয়,

তবে রসাতলে যেতে বেশি দেরী নেই!

বেসামাল কীটগুলোকে মস্তিষ্কের অন্দরে

প্রবেশের দিলে অধিকার

বিশুদ্ধ চিত্তকে খুঁটে খুঁটেতো খাবেই!

শেওলা ধরা শরীরী নাটকের মঞ্চগুলো

যেদিন উপড়ে ফেলা যাবে

সমাজের পানা পুখুর হতে

সেদিন মানব সমাজে বিশুদ্ধ জলাশয় গড়বেই!

২৯) শুভ শক্তির জাগরণ

তারিখ: ২৬/০৩/২০২১

অভিমানের বদলে করিনি অভিমান,

লাভ নেই কোন ভুল-ভ্রান্তি বিচারে।

শুধু মনের দু - চার কথা লিখে যেতে চাই

নিত্য নতুন আকারে।

রোষের কবলে পরে করিনি আক্রোশ

ক্রোধের আগুনে ঢেলেছি শীতল জল,

রাগ - অভিমান হৃদয়ে পুষে

কেন করবো নিজেকে নিজেই বিকল!

ঘৃণা হলো বিষ বৃক্ষের মতো

অন্তর জগতে ডাল পালা ছড়িয়ে

সৃষ্টি করে বিষের আগার,

ঐ বিষ বৃক্ষ করবো কেন হৃদয়ে রোপণ!

ঈর্ষায় ঢেকে মনটাকে করিনি উদাস,

দহনে জ্বলে পুড়ে হইনি কালো।

ঈর্ষার কালিমায় নিজেকে ঢেকে

মিছে কেন রুদ্ধ করবো নিজের বিকাশ!

লোভের হয়নি কভু এতো স্পর্ধা

কাছে এসে দিবে মোরে কুমন্ত্রণা,

চোরা গলি দিয়েও ঢুকতে পারেনি সে

লোভের পাঁকে নিজেকে জড়িয়ে

কেন সুখ - শান্তি দেবো বিসর্জন!

নিন্দাকে দেইনি প্রবেশের অধিকার,

ব্যর্থ হলো নিন্দুকের সব আয়োজন।

শত চেষ্টায়ও ভাঙতে পারেনি অর্গল

প্রহরীর মতো পাহারার আছি সর্বক্ষণ।

অহঙ্কারকে বলেছি --- সে যেন আসে না

বিকশিত পথের বাঁধা হয়ে

আমার স্বচ্ছ মনের কুটিরে,

কেন জটিল করবো নিজেকে মিথ্যা অহঙ্কারে!

জগৎটা হলো এক বৃহৎ নাট্যশালা,

আমরা সবাই নাটকের অংশীদার

স্নেহ - ভালোবাসা আর শ্রদ্ধার কলাকার।

জীবন নাটকের যবনিকা যখনই পরে পরুক,

গলায় শোভিত রয় যেন

শুভ শক্তির নিপুণ অভিনয়ের মালা!

৩০) বসন্তের মহিমা

তারিখ:২৬/০৩/২০২১

বসন্ত সজ্জিত নতুন রূপসজ্জায়

 ডালে ডালে সবুজ পাতার বাহার

ফুলে ফুলে ফাগুনের সুবাসিত হাওয়ায়

কখন যে চুপি চুপি দাঁড়াল এসে

 মনের আঙিনায়!

ক্ষণেক সুখের পরে

 কান পেতে শুনি ঝরা পাতার ধ্বনি,

হৃদয় উথলে বেদনার বরিষায়।

অবুঝ মন হাহাকার করে একাকী শূন্যতায়!

বসন্তকে শুধাই--- সে কি পাতাঝরা বসন্ত?

না কি বসন্ত বাহার?

বসন্ত উওরিল---দুটি নামইতো আমার!

কেউ জানে না --- আমি আগে সৃষ্টি করি

 নাকি আগে করি লয়।

আমার দুটি রূপই অনন্ত,অব্যয়!

বসন্তের কথা শুনে

 সঞ্জীবনী শক্তি সঞ্চারিত হলো মনে

মুগ্ধ নয়নে চেয়ে দেখি নিজ পানে

বসন্তের নতুন পাতা আর ফুলের মতোই

ভরে গেছে মোর শূন্য হৃদয়খানি

নতুন নতুন কথায় আর গানে!

৩১) মুক্তির স্বাদ

তারিখ: ১১/১২/২০২০

নেশায় ছিলাম বিভোর হয়ে

খোলা চোখেও দেখতে পাইনি পথ,

ঢুলু ঢুলু চোখে অচেনা পথে

কতো বার যে খেয়েছি হোঁচট!

পরেছি বহুবার পথেরোপরে

উঠেছি আবার আশা গাছটি ধরে।

চঞ্চল মলয় ডাকলো আমায় ইশারায়

এখানে নয়, চলো অন্য কোথায়ও যাই।

সম্মোহিতের মতো আমিও চললাম

সে থামে,আমিও থামি।

মলয় বাতাস চুপিসারে চলে গেল দূরে,

রইলাম পরে আমি পথেরি ধারে।

আশার আলোটা নিভে গেল

 আমি যে হলাম দিশেহারা পথিক সম!

তারপর?

 তারপর বলছি তোমায়

ঘন ঘন বিজুলীর চমকে

নতুন পথের পেলাম দিশা,

ততোদিনে আমারও যে কেটে গেছে নেশা!

আত্ম বলে বলীয়ান হয়ে

নিজেই নিলাম নিজের ভার

শপথ নিলাম একেলা চলার।

সেদিন বুঝেছি-- মুক্ত আমি

 মুক্ত জগৎ মুক্ত মহাকাল,

অকারণেই বান্ধি মোরা নিজের পায়ে শিকল!

৩২) রঙিন স্বপ্ন

তারিখ :২৯/০৬/২০২০

স্বপ্নটাকে রঙিন করে আঁকার জন্য

অনেক রং ছিল মনে।

সযত্নে রেখেছিলাম রংগুলো

বছরের পর বছর ধরে,

মনের গভীর পটভূমিতে।

একদিন দেখলাম রংগুলো শুকিয়ে গেছে,

ঝরে ঝরে পরছে বেদনায় ভরা

মোর হৃদয়'পরে!

মনের পাতার ক্যানভাসটাও

হয়েছে মলিন,ছিন্ন ভিন্ন।

কেমনে যে হারিয়ে গেলো এতোটা বছর

জীবন থেকে অগোচরে!

বিক্ষিপ্ত বিধ্বস্ত মনে নেমেনেমে এলো

বিষন্ন কালো ঘন মেঘের ছায়া।

মিছেই বুঝি চলে যেতে হবে

ধরা মাঝে রেখে মোর নগণ্য কায়া!

অকস্মাৎ অন্তর মন্দিরে

 ঘণ্টা ধ্বনির বাজলো মধুর আওয়াজ।

কর্ণ কুহরে কে যেনো বলছে,

ভাবছো কেন মিছে?

চলছো কেন ফেলে আসা দিনগুলোর পিছে?

এখনও সময় আছে,

অনন্ত কালের হিসাবে দেরী বলে কিছু নেই!

আবার নতুন আশায় মন হলো উচাটন,

কয়েক ফোঁটা চোখের জলেই

শুকনো রংগুলো ভিজিয়ে নিলাম।

এলো মেলো ক্যানভাস্টায় লাগলাম

সদ্য শুভ্র মনের পাতা,

জলরঙে অঙ্কিত করিলাম জীবনের নকশা।

ছবিটা দেখে কেউ বুঝতেও পারবে না

রং গুলোতে কিসের জল মেশানো আছে!

এমনি করেই কতো শিল্পীর চিত্র কলায়

নিভৃতে লুকিয়ে থাকে কতো চোখের জল।

সবাই দেখে শুধু বাহিরের ফলাফল,

বহু সত্যিই গোপনে ঢাকা পরে থাকে

অন্তরালে, চিরকাল!

৩৩) নির্ভীক পথযাত্রা

তারিখ:২৫/০৮/২০২০

শুধু একবার নয়, অসংখ্য বার

অনাহূত ভূকম্পের আশঙ্কায়

হৃদয়েও হতো দুঃসহ কম্পন!

ধমনীর উষ্ণ রক্ত প্রবাহ শীতল হয়ে

হৃদয়কে বানাতো হিম সাগর,

তাই বলে হিমস্রোত ভাসিয়ে নিতে পারেনি!

আঘাতের পর আঘাত পেয়েও

নিয়তির কাছে দিইনি ধরা।

ঈশ্বর যদি সৃষ্টি করেছেন মোরে

তবে ঐশ্বরীয় শক্তিতে আমিও যে ভরা,

নিয়তির কাছে মাথা ঠুকে ঠুকে মরিনি!

হাওয়া যখন এসেছিল ঝড়ের বেগে

অসীম শক্তি ধরেছিলাম বুকে,

ঝড় একসময় চলে গেল মাথা নত করে

ঝড়ের কাছে নিজের ঠিকানা দেইনি!

ইচ্ছা শক্তিকে আরো জোরে আঁকড়ে

অবিচল লক্ষ্য পথে এগিয়ে চলেছি।

সমাধান খুঁজেছি নিজেরি অন্তরে,

বহুল সমস্যার অলি গলি পথে বিভ্রান্ত হইনি!

অতীত মাঝে মাঝে বেদনার আখ্যান শুনিয়ে

নিয়ে যেতে চেয়েছিল আঁধারে।

অবশেষে দাঁড়িয়ে দাঁড়িয়ে ধৈর্য্য হারিয়ে

চলে গেল একদিন নিঃশব্দে নীরবে নিজেই।

বিগত দুর্বিপাকের গহ্বরে নিজেকে হারাইনি!

বেদনার পাতাগুলো পুড়িয়ে

ছাই করে উড়িয়ে দিয়েছি দিগন্তের ওপারে,

যেখান থেকে ফিরে আসার সাধ্য নেই।

জটিল পথ যাত্রা মেনে নিয়েছি,

কভু দিশাহারা হয়ে হাল ছাড়িনি!

জীবনের পথযাত্রা এতোটা সহজ নয়,

আঁকা- বাঁকা, মসৃণ- বন্ধুরতা

সব পথ পেরিয়ে জেনেছি নিজ অভিজ্ঞতায়।

মিশ্রিত পথ চলাতেও অবিমিশ্র আনন্দ আছে

আগেতো এমন করে কখনো ভাবিনি!

৩৪) নিজেকে খুঁজে পাওয়া

তারিখ: ০১/১২/২০২০

নিজের মাঝেই নিজেকে হারিয়ে

দিগভ্রান্ত পথিকের মতো খুঁজেছি,

দু চোখ মেলে বাইরে!

সমুদ্র তটে বসে ঢেউ গুনেছি,

উদাস আকাশ দেখে মরেছি

নি:সঙ্গ হাহাকারে!

আকাশ আমায় ডেকে বলছে যেন,

অমন উদাস হয়ে দেখছো কেন?

দিবস-রজনী আছিতো তোমারি সনে!

ভালো করে চেয়ে দেখো মোর পানে,

যতো ধূলিকণা - ধুঁয়া,সুগন্ধ কি দুর্গন্ধ

সব কিছুই ধরে রাখি বুকে,নি:শব্দে !

এমন সময় কর্ণকুহরে পশিল

সাগরের ও গুরু গম্ভীর আওয়াজ।

সেও যেন বলছে একই কথা,

ভালো - মন্দ সবকিছু বুকে টেনে লও,

আমারি মতো স্বচ্ছ করে

ফিরিয়ে দাও আবার সেখানেই!

আকাশ ও সাগরের কথার তরঙ্গে,

লাগলো যে দোলা আমার হৃদয় সাগরে!

অনুভূত হলো আমার হৃদপিন্ডটাও তো

উঠা নামা করছে দ্রুতগতিতে

কখনো আবার বিলম্বিত লয়ে!

সেখানেও শুনি,

বাজিছে অবিরত একই ধ্বনি!

সুখ-দুঃখ যা কিছুই আসুক

দু হাত মেলে কাছে টেনে লও।

আর ডুবে যাও তোমার হৃদয় সাগরের

গভীরে আরও গভীরে!

৩৫) খেয়ালী পছন্দ

তারিখ: ২৮/০১/২০২১

স্বপ্ন আমার প্রিয় বন্ধু,

ঘুমের ঘোরে আমার অবসন্ন চিত্তকে

রোজ টোকা দিয়ে যায়!

বন্ধ ঘরে শুয়েও

স্বপ্নের সাথে চলে যাই নীল আকাশে।

উড়ছি আমি বিহঙ্গের মতো,

যেদিকে ইচ্ছা মেলছি ডানা খুশীর আবেশে!

কখনো স্বপ্ন নিয়ে যায় উঁচু পর্বতের চূড়ায়

শিহরিত হই হিমের ছোঁয়ায়,

তুষারে ঢাকা চাদরে স্বপ্নের সাথে ঘুমাই!

কখনো বা চলে যাই মনোরম ফুল বাগিচায়

বিস্মিত নয়নে দেখি যত দূর দেখা যায়!

স্বপ্নেই ফুল তুলে মালা গাঁথি,

স্বপ্ন বলে --

  তব মালাখানি দিবে কার গলে?

গেঁথেছি যে আমি মালাখানি মেঘের তরে

সুদূর আকাশ হতে তোমার - আমার উপর

পুষ্প বৃষ্টি ঝরাবে!

এবার চলছি মোরা সাগর পানে

স্বপ্ন আর আমি ভাসছি আনন্দ জোয়ারে!

দেখলাম নীল সাগর আর আকাশের

 গভীর ভালোবাসা।

সাগর বাষ্প হয়ে করে মেঘের সৃষ্টি

আকাশ ফিরিয়ে দেয় ঝরে বৃষ্টি!

স্বপ্নকে সুধালাম,

কোথায় যাবো এখন দুজনে?

স্বপ্ন কহিলো,আমার যাবার হলো যে সময়

 এবার বিদায় দাও মোরে।

তোমাকে রেখে গেলাম তোমার শয্যায়

কাক ডাকা ভোরে!

আজ এইটুকুই থাক,

ফিরে আসবো কাল গভীর রাতে

যখন তুমি রইবে ঘুমঘোরে!

৩৬) অনোখা প্রেম

তারিখ:২৪/০১/২০২১

কবিতাকে ভীষণ ভালবাসতাম,

হয়তোবা কবিতাও আমায়!

অবসর বিনোদনের আড্ডা হতো

কবিতার বইয়ের পাতায় পাতায়।

কবিতা যেতে চাইতো না আমায় ছেড়ে,

আমিও যে ছিলাম তাই

ছিলাম সূক্ষ্ম সুতোর বন্ধনে দুজনায়!

কোথায় - কবে - কেমন করে যে

বন্ধন ছিন্ন হলো

সে আমিও জানিনা,জানেনা কবিতাও।

হারিয়ে গেলাম মোরা সময়ের খেয়ালে

কবিতা ভুলে যেতে পারে,

আমি কিন্তু ভুলতে পারিনি কবিতাকে।

বারে বারে ডেকেছি ঐ নামটি ধরে

কতোকাল ঘুরেছি বন পাথারে

শুকনো পাতার মর্মরে

কাটিয়েছি কতো বেলা ঝর্ণার ধারে।

কখনো চেয়ে থেকেছি দিগন্তের ওপারে

কালো মেঘের ছায়ায়

সাদা মেঘের ভেলায়

একটি বারও যদি দেখতে পেতাম তারে!

খুঁজেছি সূর্যোদয়ে আর অস্তাচলে

বসন্তের বাগিচায়

ময়ূরের পেখম ধরা পাখায়

কোয়েলের কুহুতানে।

খুঁজেছি সবুজ পাহাড়ের মনোরম শোভায়

কখনো পর্বতের তুষার চূড়ায়

কখনো মরুভূমির বালিয়াড়িতে

আবার কখনো মরুদ্যানে।

বয়ে যাওয়া নদীর কুলু কুলু রবে

মনে হতো ঐ বুঝি কবিতা এসে

ডাকবে এবার আমার নামটি ধরে!

কাছে গিয়ে ফিরে আসি শূণ্য হৃদয়ে

লোকালয়ে, মানুষের ভিড়ে।

কবিতা কি হারিয়ে গেলো চিরতরে?

অব্যক্ত বেদনায় বুকটা উঠলো ভরে!

সহসা কবিতা এলো মোর পাশে

দাঁড়িয়ে বললো হেসে হেসে ----

আমিতো কোথায়ও যাইনি হারিয়ে!

এতোকাল তো ঘুরেছি তোমারই সাথে

রয়ে তোমারই অন্তরালে।

তুমি কি সত্যিই ভালোবাসো মোরে?

সে কথাটিই জানলাম এতোদিন ধরে

এবার তোমার - আমার সকল কাহিনী

লিখবো দুজনে মিলে!

৩৭) চলতে চলতে

তারিখ: ১১/০১/২০২১

নিঃশব্দে এতোদিন পথ চলছিলাম

দিনের পর দিন মাসের পরে মাস

কতো মাইলস্টোন যে পেরিয়ে এলাম!

কখনো হিসাব করিনি সময়ের,

হিসাব করিনি কভু পথেরও।

একদিন সময় এসে তার মূল্য চাইলো।

আমি বললাম , "একটু দাঁড়াও বন্ধু!"

সময় অভিমানে চলে গেলো,

সময়ের কাজ সময়ে করিনি বলে।

এর পর ঘড়ির কাঁটার মতো

চলছি তো চলছিই ,থামিনি পথে কখনো।

ক্লান্তিতে ক্ষয়ে ক্ষয়ে সেদিন ছিলাম

দীর্ঘ পথ পানে চেয়ে।

এমন সময় পথও এসে তাগাদা দিল,

-- আরও দ্রুত বেগে যেতে যে হবে!

আমি বিভ্রান্তের মতো

 পথের দিকে তাকিয়ে সুধলাম,

" অনেক হেঁটেছি বন্ধু!

আরও কতটা পথ আছে বাকী ?"

পথ কহিলো," হিসাব করে দেখিনিতো কভু

তুমি যেখানে যখন থামবে

আমিও থামবো সেখানেই!"

৩৮) শুভ্রপত্র

তারিখ:০৬/০১/২০২১

আমার মনের শুভ্র পাতাগুলোই

তুলে ধরেছিলাম তোমার কাছে।

ভেবেছিলাম তুমি তোমার প্রাণের কথা

লিখবে প্রাণ ভরে!

তুমি আর আমি যুগল বন্দী হয়ে রইবো

আমাদের স্মৃতির ঘরে!

তুমি তোমার লেখনীর খোঁচায়

 অঙ্কিত করলে অসংখ্য হিজিবিজি ছবি,

যার দুর্গম অর্থ বুঝা ভারী কষ্ট

নিপুণ চিত্র শিল্পীরও।

তুমি পাতায় পাতায় ঝরিয়েছো

 তোমার মনের অনুভূতির অদ্ভুত বৃষ্টি!

হয়তোবা তাই কখনও আমি

হয়েছিলাম মানুষ হিসেবে শক্ত।

কখনো আবার হয়েছি

তোমার প্রতি অকুণ্ঠ আসক্ত !

তুমি কি জানোনা?

যে কথা তুমি লিখবে

যে ছবি আঁকবে

সেগুলোই চিরদিন আমাকে

জড়িয়ে থাকবে!

তোমার লেখনীর ঝর্ণা ধারায়

ডুবে গিয়েছিলাম অস্থেপৃষ্টে।

পাথর আর জলের ঠোকাঠুকিতে

আমি যে হারিয়েছিলাম নিজেকে !

এখনো আমি বয়ে চলেছি

ফল্গু নদীর সাথে নীরবে নিঃশব্দে।

কভু ইচ্ছা হয় জীর্ণ পৃষ্ঠাগুলো

আবার তুলে ধরি তোমার সন্মুখে!

যতো ইচ্ছা লেখো বা আঁকো

আমি আর স্মৃতি করে রাখবো না ধরে!

তুমি আর আমি হলাম মুক্ত বিহঙ্গ - বিহঙ্গিনী,

ভাবনার আকাশে এবার উড়বো দুজনে!

৩৯) লুকোচুরি খেলা

তারিখ: ২৬/০১/২০২১

সেদিন কালো মেঘে ভরা ছিল আকাশ

ঢেকে দিয়েছিল গ্রহ-তারা-চাঁদ।

সাথে ছিল বাউল বাতাস

বিদ্যুৎ ছুঁড়েছিল আক্রোশে অগ্নিবান!

মেঘের গজরানীতে বেজেছিলো

রণভরির নিনাদ হুংকার।

তাই বলেতো আকাশ ছেড়ে

গ্রহ-চাঁদ-তারা কোথায়ও পালায়নি!

মেঘের সাথেই খেলেছিল সেদিন

লুকোচুরি খেলা গ্রহ-চন্দ্র ও তারা,

ছিলনাতো কোনো আক্রোশ।

লুকিয়েছিলো মু খ খেলার ছলেই

ঐ মেঘের আঁচলেই!

আমরা যে দেখেও দেখিনা

 আমাদের মনোকাশেও চলছে একই খেলা।

কখনো ভেসে চলি খুশীর জোয়ারে,

কখনো ডুবে থাকি মন মেঘের অন্ধকারে।

চাঁদ-তারা-মেঘ স্বভাবে ভিন্ন ভিন্ন

 তবুও মিলে মিশে থাকে একই আকাশে।

আমরাই কারণে-অকারণে ক্ষুব্ধ হই,

সমালোচনায় মত্ত হই অতি সহজেই!

সময়ও একই ভাবে থাকেনা কখনো

 সকাল থাকেনা সকাল হয়ে

 বিকাল হয় দুপুর গড়িয়ে।

সন্ধ্যা এগিয়ে চলে রাতের আঁধারে

করেনাতো কোনও অভিযোগই!

সমতুল্য হয়ে থাকাটাই প্রকৃতির গুণ

আমাদের কাছে যদিও হয়েছে আজ মূল্যহীন।

বিশ্ববাসী মানে নানা প্রকার ধর্ম

বুঝেও বুঝেনা প্রকৃতির আসল ধর্মের মর্ম!

৪০) স্বয়ং সংবাদ

তারিখ:১৯/০৯/২০২০

কেহ তোমায় মন্দ বলে বলুক

কর্ণপাত করিও না তায়।

তোমার সুগন্ধি যতটুকু আছে

 ছড়িয়ে দিও হাওয়ায় হাওয়ায়

তুমি ভালো থেকো নিজের কাছে!

অন্তর দৃষ্টিতে হইও মহান

বাহিরের কালিমা মুছে দিও

তোমার পবিত্র সুধাপাত্র ঢেলে।

কেহ তোমাকে মন্দ বলে বলুক,

তুমি স্বচ্ছ থেকো তোমার কাছে!

নিন্দুকেরা আগাছার মতো

 জড়াতে চাইবে তোমায় বিষাক্ত লতায়

অথবা বাঁধিবে সমাজের কুসংস্কারের জালে।

নিজেকে জড়িও না ওসব আবর্জনায়

একদিন তারাই নত হবে লজ্জায়,

তুমি অবিচল থেকো তোমার কাছে!

করো ভ্রুকুটি দেখে ভয় পেওনা

তাহার সন্মুখে কঠোর হইও নিশ্চয়!

হৃদয়কে সুযোগ দিও শুভ কথা ভাবতে

নিন্দুকেরা থাকে থাকুক নিন্দা চর্চাতে

তোমার বিহনে কেহ যা বলে বলুক,

তুমি খাঁটি থেকো তোমার কাছে!

মিথ্যার ভিত গড়ে আর ভাঙে

সত্যি দাঁড়িয়ে থাকে নির্ভয়ে!

অমূল্য কথা খানি রাখিও স্মরণ

নির্মল থেকো তুমি তোমার কাছে!